Con Revuela puedes acceder a un entorno de aprendizaje para ver tu libro digital, recursos, contenidos y relacionarte con tus docentes y compañeros.

Entrar en Revuela es muy fácil

Accede a la siguiente web: **smaprendizaje.com**

Si ya tienes un usuario puedes seguir utilizándolo. Si no tienes usuario tendrás que registrarte en el entorno.

Accede con tus datos e introduce el código de licencia que aparece en la página izquierda para activar tu libro.

Si tienes alguna duda, puedes contactar con nosotros a través de la sección de Ayuda desde **smaprendizaje.com**.

REVUELA

Esto no es solo un libro de Plástica, es una hoja en blanco esperando tu creatividad.

3 primaria

Educación Plástica y Visual

sm

Así aprendes con Revuela

En Revuela encontrarás muchas **situaciones de aprendizaje** con muchos **RETOS**. Con ellas:

- Colaborarás con tus compañeros. **Aprendizaje cooperativo**
- Te darás cuenta de cuál es la mejor manera de aprender. **Autonomía y autoconocimiento**
- Actuarás para cuidarte a ti y a los demás, y cuidar del planeta. **Ética del cuidado**
- Podrás relacionar lo que aprendes en Plástica con la temática de Conocimiento del Medio. **Aprendizaje conectado**

Este libro te permite trabajar de distintas maneras:

1. En el **orden** que tienen las situaciones en el índice del libro.
2. **De forma temática.** Cada situación de aprendizaje se relacione con lo que estás aprendiendo en Conocimiento del Medio.
3. **Adaptado a tu clase.** Adaptado a tu clase. El profesorado puede elegir el orden que considere más adecuado a los intereses de tu aula

En las páginas de este libro encontrarás estos iconos. Indican distintos recursos que encontrarás en tu entorno digital.

Materiales

- Galería
- Vídeo
- Plantillas
- Programa ofimático
- Actividad digital

Avance de tu aprendizaje

- Metacognición
- Autoevaluación

Así son las **situaciones de aprendizaje** de Revuela:

Escala de valoración descargable.

Empezamos
Conocerás situaciones que serán tu contexto para aprender.

¡Vamos a aprender!
Descubrirás todo lo que necesitas aprender para resolver el reto.

Elemento de motivación
Al final de cada situación recogerás las piezas para restaurar tu obra de arte.

Nuestro reto
Aquí conocerástu reto.
¿Lo harás solo o con tu equipo?

¡Vamos allá!
Aprenderás de forma práctica y competencial, actividad a actividad y sin necesidad de definiciones teóricas.

Encontrarás recursos digitales como galería de imágenes, vídeos e interactivos.

Nuestro reto
Paso a paso crearéis un producto que luego compartiréis con los demás. Este producto es una evidencia clave de vuestro aprendizaje y será importante para vuestra evaluación.

¿Cómo te ha ido el reto?
Con esta escala valorarás cómo has hecho el reto.

En resumen
Puedes consultar los conceptos que has aprendido.

En tu entorno digital encontrarás actividades interactivas para valorar las competencias y conocimientos que has adquirido en la situación.

Índice

¡VAMOS ALLÁ!

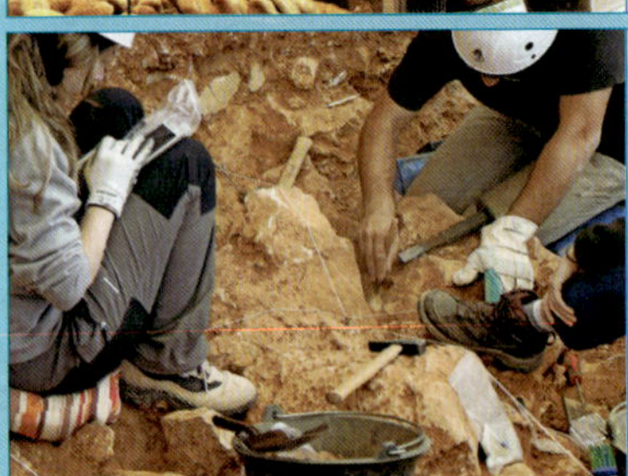

1 Arte en la tierra: *¡land art!*

¡EMPEZAMOS!

Observa la obra de Nancy Holt y comenta en clase.

NANCY HOLT: *Túneles de sol*, 1976.

- Imagina que fuera de día. Dibújalo y colorea.
- ¿Qué colores has empleado? ¿Cambian los colores del cielo a lo largo del día?

La artista

¿Conoces a Nancy Holt?

Nancy Holt fue una artista del *land art*. Este género consiste en crear obras en la naturaleza.

- Le interesaba **explorar el planeta**.
- Quería hacer obras que no estuvieran en un museo, sino en el exterior.
- Su obra de arte más conocida es *Túneles de sol*. Son tan grandes que dentro caben personas de pie.

NANCY HOLT: *Túneles de sol*, 1976.

¡Vamos a aprender!

1. Participar en las puestas en común de clase.
2. Observar la naturaleza para descubrir los colores primarios.
3. Experimentar con los colores primarios para obtener los secundarios.
4. Sentir temperaturas con los colores.
5. Analizar el paisaje para reconocer la línea de horizonte.
6. Conocer el color en el expresionismo y el fauvismo.

NUESTRO RETO

¡Somos artistas sostenibles!

Crearemos arte con materiales de la naturaleza. Recoged hojas, ramas o frutos caídos. Podréis darles una nueva vida como elemento artístico.

¡Vamos allá!

¿Qué colores hay en la naturaleza?

Si miras a tu alrededor verás la cantidad de colores que nos rodean. Los podemos encontrar en los animales, en las plantas o en los paisajes.

1 Dibuja elementos de la naturaleza que tengan los colores **amarillo**, **azul cian** y **magenta**. Estos son los **colores primarios**.

MATERIALES
- lápices de colores
- rotuladores

2 Colorea tu propio **mandala** de la naturaleza. Recuerda utilizar solo los colores primarios.

mandala: es una figura geométrica que tiene forma de flor o estrella.

PASO 1

Observa este mandala y crea el tuyo propio.

PASO 2

Planifica cómo vas a aplicar los colores en tu diseño.

DIVERTIDATO

¿Conoces algún ser vivo de color azul?

El color azul es muy escaso en la naturaleza. Algunas plantas, muy pocas, tienen la flor de color azul. También existe algún alimento de ese color, pero... ¿A que es difícil encontrar animales o comida azul?

¿Qué ocurre cuando mezclamos colores?

3 Si los colores primarios se mezclan… ¡se crea la magia!

a. Construye tu paleta de colores según se indica en cada pareja de manchas.

MATERIALES
- paleta de cartón
- témperas

b. ¿Qué colores has conseguido? Completa una tabla como la siguiente.

Mezcla de colores primarios	He conseguido el color
	•••
	•••
	•••

c. ¿Cómo llamarías a este tipo de colores?

¿Se pueden mezclar colores sin pintura?

4 ¿Y si viéramos el mundo que nos rodea solo de color azul, magenta o amarillo? Crea tu lupa y observa el entorno a través de ella.

MATERIALES
- lápiz
- tijeras
- punzón
- lápices de colores
- papel celofán
- pegamento

PASO 1

Calca el diseño de la lupa que encontrarás al final del libro o crea la tuya propia.

PASO 2

Recorta la lupa, pica y desprende el círculo interior.

PASO 3

Pega por detrás papel celofán de los dos colores primarios. ¿Qué color has obtenido?

PASO 4

Observa el entorno a través de las lupas. ¿Cómo cambian los colores?

¿Sientes frío o calor al observar un paisaje?

5 ¿Qué colores tiene un desierto? ¿Y un paisaje nevado? ¿Qué te transmite el color rojo? ¿Y el color azul?

a. Pinta un paisaje utilizando colores cálidos o colores fríos.

b. ¿Qué temperatura transmite tu dibujo?

MATERIALES
- lápiz
- ceras

Colores cálidos

Nos producen una sensación de calor o nos recuerdan al fuego.

Colores fríos

Nos recuerdan a paisajes helados o al agua.

6 ¿De qué colores te gusta vestirte los días que estás más alegre? ¿Por qué?

¿Cómo cambia el color en un paisaje?

7 Al observar un paisaje podemos ver cómo algunos están divididos en dos partes: el cielo y la tierra, el cielo y el mar, etc.

La línea que separa el cielo de la superficie se llama **línea del horizonte.**

PASO 1

Busca fotografías de paisajes que estén divididos en dos partes y escoge uno.

MATERIALES
- recortes de revistas o fotografías
- cartulinas
- rotuladores
- tijeras y pegamento

PASO 2

Realiza una composición del paisaje con cartulinas de colores, pero cambia los colores fríos por cálidos y los cálidos por fríos.

8 **CONTRASTAMOS JUNTOS** los colores de un paisaje. De forma individual, pensad si la contaminación puede cambiar el color del cielo y por qué. Después, poned vuestra opinión en común.

André Derain: *Paisaje con cabaña*, 1908.

En los movimientos artísticos del **expresionismo** y **fauvismo**, los artistas se centraban en el color de sus obras.

André Derain: *Puente de Charing Cross*, 1906.

NUESTRO RETO ¡Somos artistas sostenibles!

Cread una obra de *land art*

PASO 1

En equipos, poned en común los elementos de la naturaleza recogidos. ¿Cómo son sus colores?

PASO 2

Dibujad varios bocetos con vuestras ideas para ver cómo colocar los elementos.

PASO 3

Antes de salir al exterior, probad cómo va a quedar vuestra obra con los bocetos.

PASO 4

Elegid una zona del patio o de un espacio natural cercano al colegio para colocar vuestra obra.

PASO 5

Jugad con vuestra composición original y experimentad con ella en el exterior.

PASO 6

Observad todas las obras, podéis hacer fotos y colgarlas en un mural para recordarlas.

¿Cómo te ha ido el reto?

1 Completa esta tabla para evaluar cómo habéis hecho el reto.

	Sin ayuda	Con ayuda	Todavía no
1. Hemos aportado elementos de la naturaleza para crear la obra conjunta.	•••	•••	•••
2. Identificamos los colores primarios y secundarios en la naturaleza.	•••	•••	•••
3. Utilizamos los colores según el resultado que queremos obtener.	•••	•••	•••
4. Hemos conseguido dar una nueva vida a los elementos recogidos.	•••	•••	•••

2 ¿Qué habéis aprendido al crear arte con la naturaleza?

En resumen

Colores primarios y secundarios

Los colores primarios son los que no se pueden obtener a partir de otros colores. Si los mezclamos entre sí, de dos en dos, conseguimos los colores secundarios.

Colores cálidos y fríos

- Los colores cálidos nos recuerdan al sol y al fuego.
- Los colores fríos nos recuerdan al agua, al hielo o a la luna.

La línea del horizonte

Es la línea que divide en dos partes un paisaje y separa el cielo de la tierra o el mar.

El expresionismo y el fauvismo

Son dos estilos artísticos de pintura. En estas corrientes lo más importante es expresar con los colores. Los artistas no usan los colores que ven en el mundo real.

Mis competencias

Autoevaluación

2 Animalística: ¡El arte de representar animales!

¡EMPEZAMOS!

Observa la pintura de Henri Rousseau y comenta en clase.

HENRI ROUSSEAU: *Monos y loro en el bosque*, 1906.

➡ Busca una foto de tu animal salvaje favorito y recórtalo. Dibuja el hábitat en el que viviría ese animal y pega su figura. ¿Qué tipo de líneas has utilizado?

El artista

¿Conoces a Henri Rousseau?

Henri Rousseau fue un pintor francés que realizaba composiciones muy originales y pinturas llenas de fantasía.

- Se dedicó a la pintura solo a partir de los 49 años, pero siempre había sido su sueño.
- Pintaba muchos detalles en sus cuadros.
- Sus obras más populares son aquellas en las que representaba escenas tropicales.

Henri Rousseau: *Bosque tropical con monos*, 1910.

¡Vamos a aprender!

1. Compartir el espacio y los materiales.
2. Observar las manchas de la piel, para conocer el punto y la línea.
3. Reflejar tus cualidades en un animal fantástico creado con distintas líneas.
4. Distinguir el contorno, el fondo y la simetría en el retrato de un animal.
5. Construir la escultura de un animal y recrear su entorno natural.
6. Conocer el arte contemporáneo: la instalación artística.

La restauración continúa. ¿Encontrarás al artista de la obra oculta?

NUESTRO RETO

Cuidamos las aves de nuestro entorno

Mejoraremos el hábitat de los pájaros que viven en nuestra localidad a partir de material reciclado.

¿Cómo es la piel de los animales?

Si te fijas en la piel de los animales, todas son diferentes, pueden tener rayas, lunares, manchas. Cada una tiene una función para su supervivencia, por ejemplo, les puede servir para camuflarse, protegerse de insectos, llamar la atención de otros animales.

1 Dibuja las manchas de la piel de diferentes animales con **puntos y líneas**.

- ¿Qué ocurre cuando dibujas una línea que empieza y acaba en el mismo sitio?
- Ahora observa tu piel. Busca algunas manchas, pecas o lunares que te hagan especial. ¿Cómo son?

MATERIALES
- lápiz
- témperas

2 Observa y relaciona los animales con el patrón de piel al que pertenecen.

a

b

c

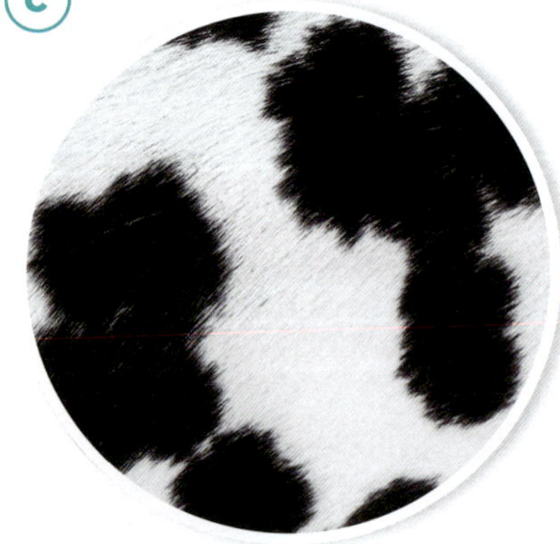

d

Las formas que se repiten una y otra vez se llaman patrones y los encontramos en la naturaleza como en las plantas y en los animales.

Guepardo

Dálmata

Flamenco

Cebra

¿Qué nombre le pondrías a un animal fantástico?

Un animal fantástico es el que no existe en la realidad, pero que aparece en mitos, leyendas o cuentos. Muchas veces tienen formas inventadas o de dos animales mezclados. En la antigüedad, la gente creía que existían de verdad y que tenían poderes mágicos.

Owen Davey: *Seres mitológicos*, Editorial SM.

3 Piensa en tus cualidades y crea un animal fantástico que te represente.

MATERIALES
- lápiz
- rotuladores
- lápices de colores
- regla

PASO 1

Dibuja el animal fantástico que has imaginado. A continuación, repasa con rotulador negro el **contorno**.

La línea que rodea y da forma a la figura que has dibujado se llama contorno.

PASO 2

Pinta el interior con distintos tipos de líneas. Completa el **fondo** con más líneas.
¡Así tu obra tendrá mucho ritmo visual!

Piensa que te encuentras en un ambiente de confianza, porque estás con tus compañeros.

- ¿Crees que el dibujo de tu animal representa tu personalidad? Describe cómo lo has hecho.

¿Quieres solidarizArte con el mundo animal?

El 4 de octubre tiene lugar el día mundial de los animales, ¿crees que es necesario que exista un día como este? ¿Por qué?

4 Piensa en la importancia de proteger la fauna y busca información sobre un animal en peligro de extinción.

- Dibuja su retrato de frente con cartulinas y decora el fondo para crear su hábitat.

a. ¿Qué tipo de líneas has utilizado? ¿Has empleado puntos?

b. Analiza si el rostro que has dibujado es **simétrico** y justifica por qué.

MATERIALES
- cartulinas
- ceras
- materiales reciclado
- tijeras
- pegamento

5 Los artistas retratan animales con estilos distintos. Franz Marc utilizó líneas rectas para pintar este perro amarillo. Sin embargo, la artista Iris Scott pinta sus cuadros con los dedos y crea formas curvas más naturales. Observa las pinturas y analiza qué ves.

FRANZ MARC: *Perro tumbado en la nieve,* 1911.

IRIS SCOTT: *Fuego de tigre*, 2019.

¿Dónde podría vivir tu escultura?

6 Realiza una escultura de cartón del animal que más te guste.

MATERIALES
- cartulinas
- ceras
- tijeras
- pegamento

PASO 1

Dibuja en cartón el cuerpo del animal por un lado y sus patas por otro. Hazles un pequeño corte para que el cuerpo se pueda sostener sobre ellas. ¡Pinta el animal!

PASO 2

Inventa manchas con puntos o líneas en cartulinas y pégalas sobre el animal. Puedes emplear colores reales o imaginarios.

A continuación, monta tu escultura.

PASO 3

Coloca tu escultura en un espacio al aire libre que sea parecido al entorno de tu animal. Realiza una fotografía y compárala con la de tus compañeros.

DIVERTIDATO

¿Has visto alguna vez animales hechos con globos?

Jeff Koons realiza esculturas de animales de gran tamaño. En sus obras utiliza acero de colores brillantes e imita la forma de los globos hinchables.

Observa la escultura, ¿qué animal identificas? Investiga qué otras esculturas de animales ha diseñado este artista.

¿Conoces el arte del origami?

7 **CREAMOS JUNTOS** una leyenda de papel. Escribid un deseo para la fauna en el centro de cada folio. Realizad tantas mariposas como podáis. Colgad vuestras piezas y, así, ¡crearéis una **instalación artística** para dejar volar vuestros deseos!

MATERIALES
- folios
- material para decorar
- hilo para colgar

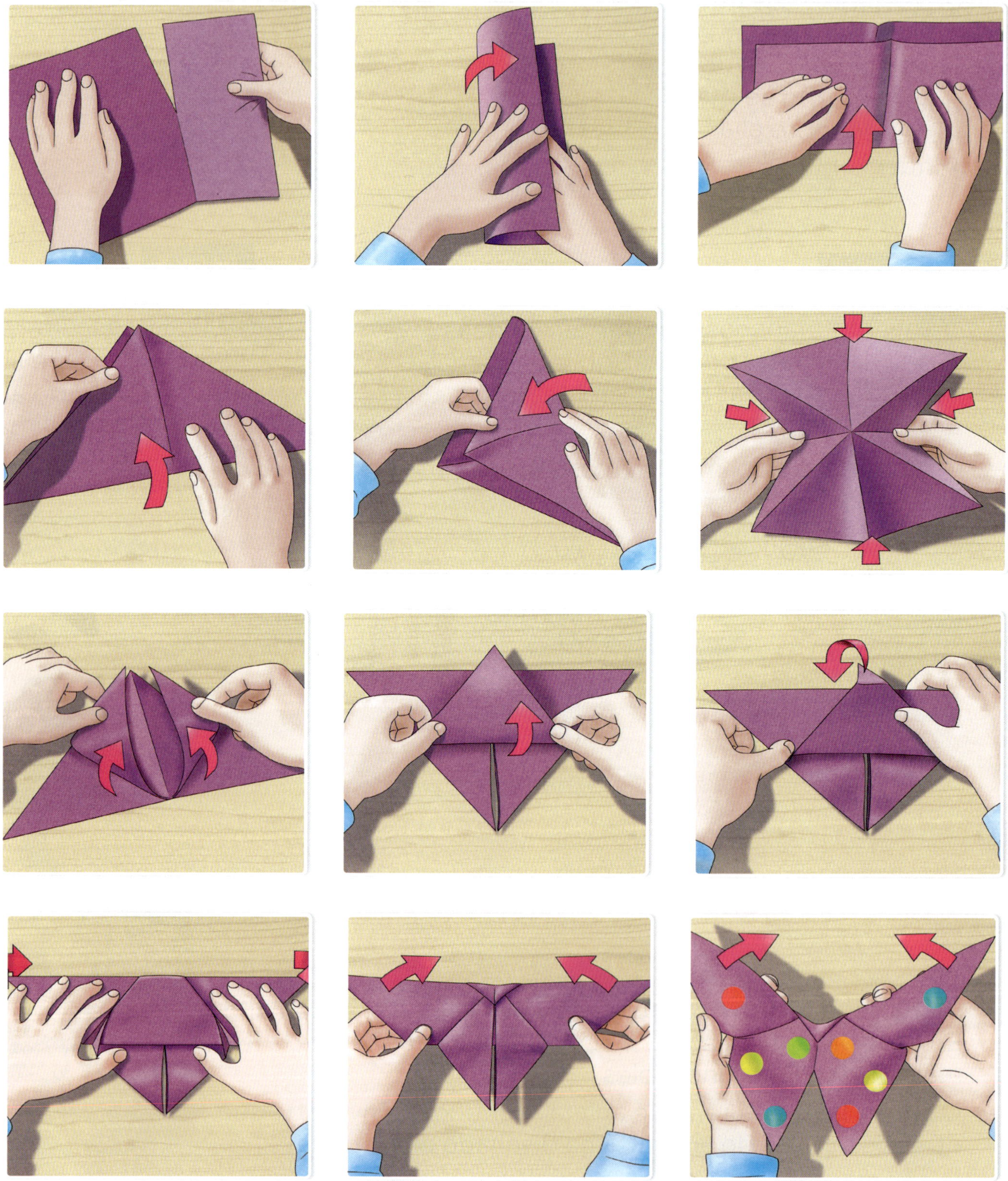

DIVERTIDATO

¿Sabías que regalar grullas de papel tiene un significado muy especial?

Una antigua leyenda japonesa cuenta que aquel que realice mil grullas de papel conseguirá cumplir su mayor deseo. Para continuar con esa leyenda los habitantes de Japón regalan grullas de papel para desear salud, bienestar, felicidad o prosperidad a sus seres queridos.

8 El arte también sirve para expresar lo que sentimos y transmitir mensajes.

PASO 1

Escribe mensajes en pósits de colores. Pueden ser deseos, dedicatorias, algo que te gustaría cambiar, etc.

PASO 2

Ordenad por colores los pósits que habéis escrito y cread un diseño para colgarlo en algún espacio del colegio. Crearéis una nueva instalación artística con mensaje.

NUESTRO RETO Cuidamos las aves de nuestro entorno

Construimos una casa para pájaros

PASO 1

En grupos, reunid los materiales reciclados que habéis recopilado e idead cómo utilizarlos.

PASO 2

Dibujad bocetos de casas donde mostréis distintas ideas en función de los materiales que tengáis.

PASO 3

Con pintura acrílica y con rotulador permanente, decorad cada elemento con puntos, líneas y formas.

PASO 4

Realizad un agujero grande en un lado para que los pájaros puedan entrar en la casa.

PASO 5

Pegad los materiales para construir vuestra casa según las ideas elegidas de los bocetos.

PASO 6

Colgad las casas. Recordad revisarlas por si necesitan algún arreglo. Podéis dejar alimento y agua, sobre todo en épocas de frío.

¿Cómo te ha ido el reto?

1 Completa esta tabla para evaluar cómo habéis hecho el reto.

	Sin ayuda	Con ayuda	Todavía no
1. Damos una segunda oportunidad a los materiales reciclados.	●●●	●●●	●●●
2. Utilizamos los puntos y las líneas para decorar los elementos reciclados de una manera creativa.	●●●	●●●	●●●
3. Creamos distintas formas cuando usamos líneas cerradas.	●●●	●●●	●●●
4. Colocamos la casa en un lugar adecuado para que los pájaros puedan vivir en ella.	●●●	●●●	●●●

2 ¿Para qué sirven los puntos y las líneas en el arte?

En resumen

El punto, la línea y las formas

- El punto es el elemento más pequeño del arte, aunque su tamaño puede variar.
- Existen varios tipos de líneas: abiertas y cerradas; rectas y curvas; y horizontales, verticales y oblicuas.

Líneas abiertas y cerradas

Líneas rectas y curvas

Líneas horizontales, verticales y oblicuas

- Las formas se producen cuando se cierran las líneas.

El contorno y el fondo

- El contorno es la línea que forma el dibujo de un animal, una persona o un objeto.
- El fondo es el espacio que está detrás de la figura.

La simetría

Una imagen es simétrica cuando sus dos mitades son idénticas.

La instalación artística

La instalación es un tipo de arte contemporáneo en el que el espacio forma parte de la obra que se expone.

Mis competencias Autoevaluación

3 ¡Expresarte con arte!

¡EMPEZAMOS!

Observa la pintura de Joan Miró y comenta en clase.

JOAN MIRÓ: *La sonrisa de alas flameantes,* 1953.

➡ ¿Qué te provoca una sonrisa? ¿Qué color y qué forma tiene para ti un sentimiento? Píntalo. ¡Pon un título muy original a tu dibujo!

El artista

¿Conoces a Joan Miró?

Joan Miró fue un artista español que realizaba pinturas y esculturas con un estilo muy peculiar.

- En sus obras, utilizaba a menudo los colores rojo, amarillo, azul, verde y negro.
- Daba mucha importancia a los títulos de sus obras.
- Introducía figuras humanas y otras formas de la naturaleza en un mismo cuadro, como animales y estrellas.

JOAN MIRÓ: *Libélula de alas rojas persiguiendo una serpiente que se desliza en espiral hacia la estrella cometa*, 1951.

¡Vamos a aprender!

1. Prestar ayuda cuando alguien la necesita.
2. Reconocer nuestras emociones y el primer plano en un retrato moldeable.
3. Expresar sentimientos con el cuerpo y reflejarlos con arte.
4. Experimentar el cubismo a través de una persona a la que quieras mucho.
5. Componer siluetas con la proyección de nuestras sombras.
6. Elaborar un bodegón sobre aquello que nos encanta.

¿Cómo vas con La restauración de la obra oculta? Nuevas corrientes y estilos te sorprenderán.

NUESTRO RETO

El cuerpo como medio de expresión

Tomaremos conciencia sobre lo que sentimos y lo representaremos a través de nuestro cuerpo en una *performance*.

¿Cómo cambia nuestro rostro con las emociones?

Alegría, tristeza, miedo, ira, asco, sorpresa son emociones que todos experimentamos. Con las emociones nuestro cuerpo reacciona y nuestra cara también expresa lo que estamos sintiendo.

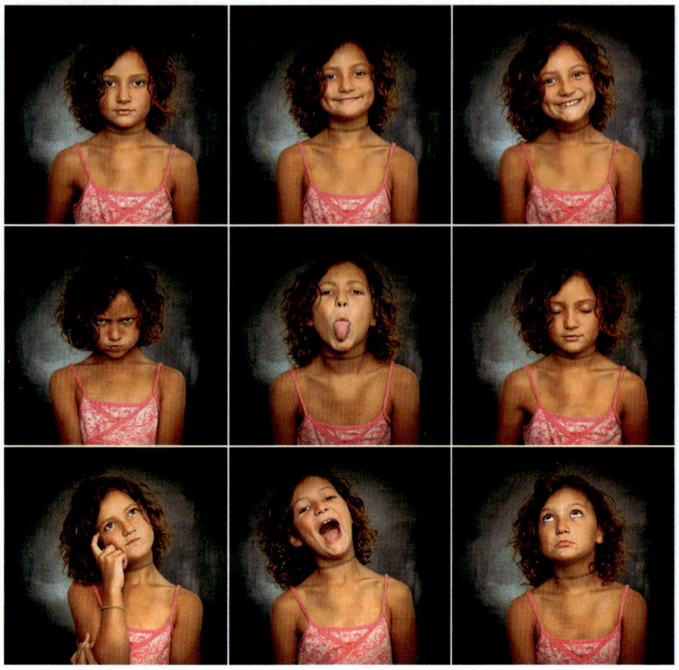

1 Observa las distintas expresiones de estas fotografías. ¿Con qué emoción identificarías cada una de ellas?

2 Qué partes de la cara indican la emoción que muestras.

MATERIALES
- fotografía a color
- lápiz
- tijeras y pegamento
- plastilina
- revistas

PASO 1

Recorta y pega la mitad de una fotografía en la que aparezcas en **primer plano**.

PASO 2

Dibuja la otra mitad. Mezcla la plastilina para conseguir tu color de piel y extiende color a tu autorretrato. Juega a moldear tus rasgos para expresar distintas emociones.

3 La fotógrafa Angélica Dass investiga sobre la infinidad de colores de piel en el mundo. Esta artista retrata a personas y decora cada fondo con el mismo color de su piel. ¿Qué diferencia crees que hay entre un retrato y un autorretrato?

Angélica Dass: *Humanae*, 2012.

Un **autorretrato** es un dibujo que hacemos de nosotros mismos.

Un **retrato** es el que realizamos de otra persona.

¿Qué es lo que más te ha llamado la atención de lo aprendido en esta actividad?

¿Sabes que nuestro cuerpo transmite sentimientos?

Piensa en la postura que tienes en este momento. ¿Sientes tensión? ¿Estás relajado? ¿Cómo cambia tu posición corporal cuando estás alegre? ¿Y cuándo sientes tristeza?

4 Pega pequeñas ramas caídas y conviértelas en cuerpos completos de **plano entero**, que expresen sentimientos. Intenta que cada postura sea diferente y pinta el fondo.

MATERIALES
- palitos
- cola blanca
- rotuladores
- pintura acrílica
- cinta adhesiva

- De los sentimientos que has representado, ¿te identificas con alguno? ¿Has utilizado los colores en función de los sentimientos pintados?

SE BUSCA

¿Qué es un primer plano y un plano entero?

El **primer plano** en un retrato es una imagen donde se ven completamente la cara, el cuello y los hombros.

El **plano entero** es aquel en el que aparece todo el cuerpo.

¿Cómo sería el retrato cubista de tu persona favorita?

5 Piensa en un ser querido. ¿Qué emociones muestra en su día a día?

PASO 1

Pega fragmentos de papel de periódico y dibuja su cabeza.

MATERIALES
- periódicos
- lápiz
- papeles de colores
- tijeras y pegamento
- rotuladores

PASO 2

Corta **formas geométricas** y pinta en ellas las partes de su cara de frente y de perfil. Pégalas y conseguirás un retrato **cubista**.

- ¿Quién es la persona a la que has retratado? ¿Qué te une a ella? Cuenta alguna anécdota que hayáis vivido juntos.

DIVERTIDATO

¿Por qué se llama "cubismo"?

Este movimiento artístico se llama así debido a que las obras se componían a modo de cubos, en formas geométricas, como en este cuadro que puedes observar de María Blanchard.

Los artistas cubistas pintan distintos puntos de vista de una cara o de un objeto en el mismo cuadro. Cuando nació este movimiento, se pintaban muchas guitarras y se experimentaba con recortes de diferentes materiales, es decir, con la técnica artística del *collage*.

María Blanchard: *Niño con un aro*, 1917.

¿De qué color es tu sombra?

6 Observad cómo se proyecta vuestro cuerpo sobre un folio. Podéis situarlo en la mesa o en el suelo para experimentar con la luz y sus sombras. Con ayuda de un compañero, repasa las siluetas que se superpongan. Pinta tu composición.

MATERIALES
- folio
- rotuladores
- lápices de colores

7 **CONTRASTAMOS JUNTOS** cómo son las sombras. ¿Tienen siempre el mismo tamaño? ¿Mantienen algún color? ¿Por qué cambian de lugar muchas veces en un día?

André Kértesz: *Sombras*, 1931.

El fotógrafo André Kértesz realizó una serie de fotografías en blanco y negro, donde las protagonistas eran las sombras.

¿De qué alimentas tu cuerpo y tu mente?

El bodegón es un tipo de pintura en el que aparecen objetos, casi siempre de una cocina, como: vegetales, fruta, vajilla y flores.

8 Realiza un **bodegón** tridimensional.

MATERIALES
- lápiz
- cartulinas de colores
- tijeras
- pegamento

PASO 1

En cartulinas, dibuja siluetas de alimentos saludables que te gusten y de objetos que representen tus aficiones.

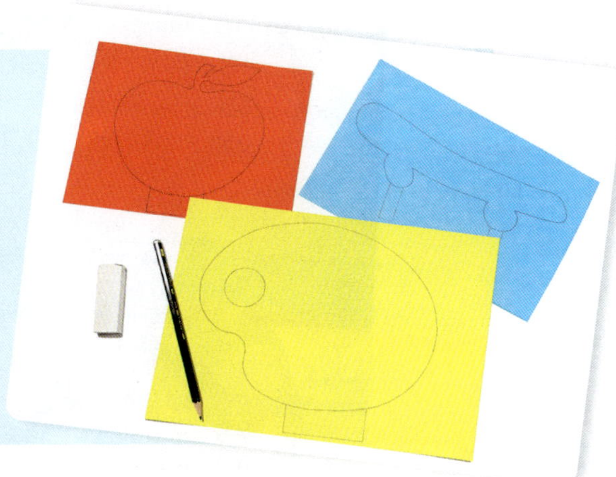

PASO 2

En cada figura, realiza unas pestañas para que se mantengan de pie sobre la lámina y pégalas.

PASO 3

Juega con la luz para observar cómo cambian las sombras.

NUESTRO RETO ¡Somos artistas sostenibles!

Cread una obra de *land art*

PASO 1

Visualiza el vídeo de la artista Heather Hansen para conocer sus *performances* o actuaciones.

PASO 2

¿Cuánto podemos estirar nuestras extremidades? ¡Probad movimientos! Elegid vuestro lugar sobre el papel y dejad espacio a los compañeros.

PASO 3

Es el momento de experimentar. Con ceras, comenzad a dibujar movimientos según vuestro estado de ánimo.

PASO 4

Probad a sentaros, a tumbaros bocarriba, bocabajo o de lado. Expresaos con una mano o con las dos a la vez.

PASO 5

Cambiad la posición del papel: colocadlo sobre una pared. Concentraos en vuestro cuerpo, cerrad los ojos y pintad en silencio.

PASO 6

Reflexionad sobre la *performance*. ¿Qué habéis sentido? ¿Encontráis más importante el resultado o el proceso?

¿Cómo te ha ido el reto?

1 Completa esta tabla para evaluar cómo habéis hecho el reto.

	Sin ayuda	Con ayuda	Todavía no
1. He expresado y dibujado lo que siento a través de distintos movimientos.	•••	•••	•••
2. He tomado conciencia de que es posible crear arte con mi cuerpo.	•••	•••	•••
3. He entendido lo que es una *performance*.	•••	•••	•••
4. He compartido el espacio con mis compañeros para que puedan moverse con facilidad.	•••	•••	•••

2 ¿Qué has aprendido de ti sobre tu forma de expresarte?

En resumen

El autorretrato y el retrato

Un autorretrato es un dibujo que hacemos de nosotros mismos y un retrato es el que realizamos de otra persona.

El primer plano y el plano entero

El primer plano en un retrato es una imagen donde se ven solamente la cara, el cuello y los hombros. El plano entero es aquel en el que aparece todo el cuerpo.

Las formas geométricas

El círculo, el cuadrado, el rectángulo, el triángulo, el rombo y el óvalo son algunas formas geométricas.

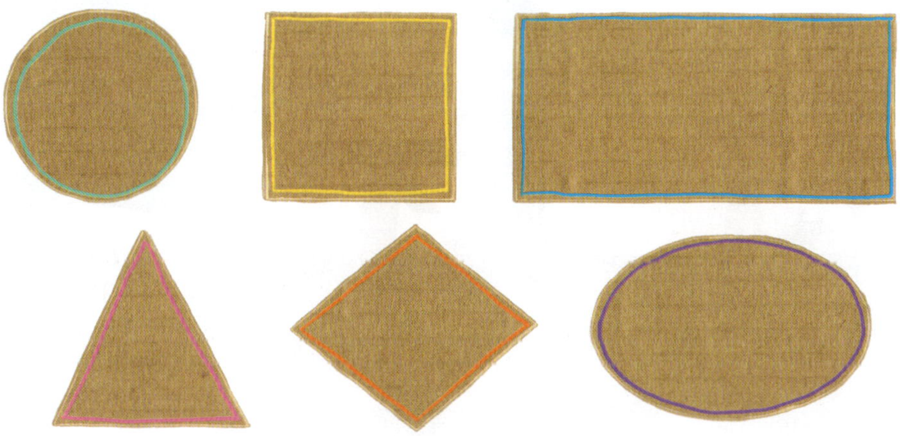

El cubismo y el *collage*

- El cubismo es un estilo artístico en el que se utilizan formas geométricas, a modo de cubos.
- La técnica artística del *collage* consiste en utilizar recortes de distintos materiales en una obra.

La silueta

Una silueta muestra un objeto, pieza o figura sin contorno ni detalles.

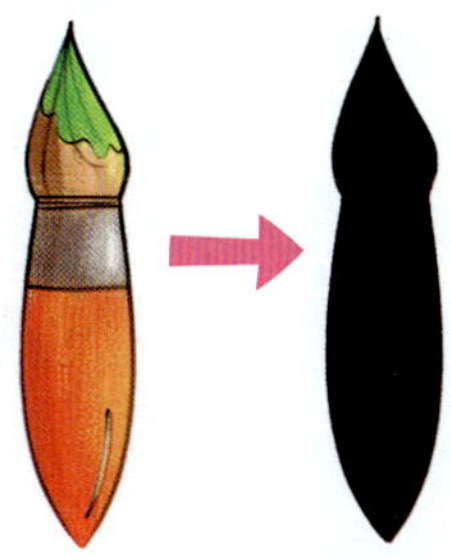

El bodegón

Una composición de objetos y alimentos se llama bodegón.

Mis competencias Autoevaluación

4 ¡Viajeros artísticos!

¡EMPEZAMOS!

Observa la fotografía de Dorothea Lange y comenta en clase.

NANCY HOLT: *Túneles de sol*, 1976.

- Todas las cartas van acompañas de la firma. Practica *lettering* con todas las firmas que se te ocurran. ¡Incluso con la mano que menos utilices! Prueba en papeles distintos y pégalos.
- ¿Has hecho muchas firmas distintas o has repetido varias veces la misma? Elige la que más te represente para firmar la próxima carta que mandes. ¿A quién se la vas a escribir?

La artista

¿Conoces a Dorothea Lange?

Dorothea Lange fue una fotógrafa estadounidense, que utilizaba imágenes para documentar.

- Usaba sus fotografías para hacer reportajes de las localidades.
- Retrataba a personas que provenían de muchos pueblos.
- Realizaba fotografías de la vida en el campo y en las granjas.

DOROTHEA LANGE: *Mercado central*, 1936.

¡Vamos a aprender!

1. Pedir ayuda a los compañeros antes que al profesor.
2. Analizar y transformar tu localidad mediante un *collage*.
3. Transmitir positividad a través del arte urbano y el contraste de color.
4. Simbolizar un mensaje para la sociedad con un caligrama a color.
5. Comunicar tus sentimientos en un esgrafiado.
6. Conocer y experimentar distintas culturas con máscaras étnicas.

Continúa con la restauración y sigue conociendo a nuevos artistas.

NUESTRO RETO

Ciudadanos del mundo

Crearemos comunidad mediante todas las relaciones posibles que encontremos entre nuestros lugares y rincones favoritos del mundo.

¡Vamos allá!

¿Cómo era tu localidad cuando era en blanco y negro?

1 Busca una fotografía antigua. Imprímela o haz una fotocopia y pégala. ¿Cómo te gustaría que fuera tu entorno en el futuro? Añade elementos para transformarlo.

MATERIALES
- fotografía antigua impresa
- rotuladores
- lápices de colores
- tijeras y pegamento
- papeles de colores

- Observa el **formato** de la foto que has pegado. ¿Es vertical u horizontal? ¿Rectangular, cuadrado o circular?

2 ¿Cómo crees que ha cambiado tu entorno y sus tradiciones a lo largo de los años? ¿Te han contado historias sobre ello? Compártelas con tus compañeros.

Lara Lars: *NY. Flatiron building*, 1986-2022.

La artista Lara Lars realiza unos *collages* muy originales y divertidos, en los que combina fotografías antiguas, en blanco y negro, de edificios con elementos y figuras a color.

¿Existe poesía en los pasos de cebra?

3 ¿De qué color es la calle? Pinta en una lámina un color gris que imite la calzada y sigue los pasos para experimentar el arte urbano. Cuando finalices, observa: ¿qué colores, de los que has utilizado, **contrastan** o resaltan más sobre el gris?

MATERIALES
- témperas
- esponjas
- tijeras
- cartulinas

PASO 1

Piensa una palabra positiva para animar el día a los transeúntes.

PASO 2

Haz las letras de la palabra y recórtalas para tener **plantillas**. Colócalas sobre el gris.

PASO 3

Aplica colores encima de cada letra con una esponja y retíralas para que se vea tu mensaje.

¿Qué te gustaría decir a la sociedad a través del arte?

4 **PEDIMOS AYUDA.** Escribe un mensaje de colores en forma de **caligrama**, que es un poema que traza un dibujo. Haz una fotocopia en blanco y negro de tu obra y pégala al lado. ¿Cómo cambian los colores?

En color

En blanco y negro

MATERIALES
- lápiz
- rotuladores
- lápices de colores

- ¿Cómo has elegido aquello que querías expresar?
- ¿Qué crees que es más importante para un artista, transmitir ideas o hacer obras bonitas? ¿Por qué?

¡Los primeros caligramas conocidos se remontan a la antigua Grecia y la antigua Roma! Han estado presentes en toda la historia y han evolucionado hasta la actualidad.

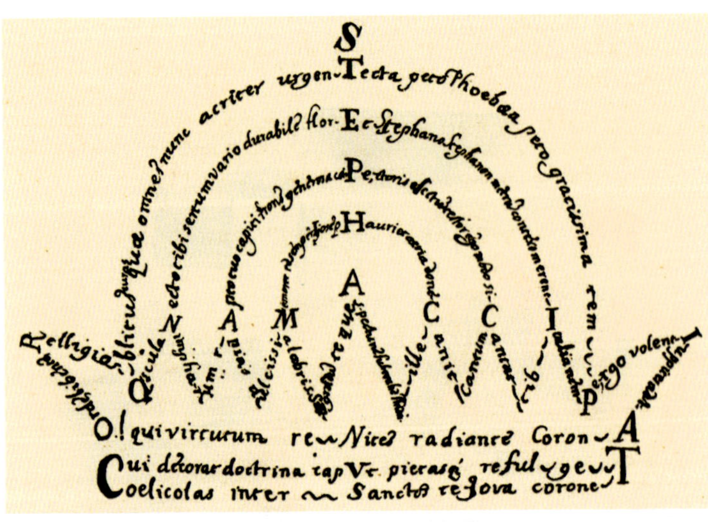

Antiguo caligrama escrito en latín.

¿Quieres que tu obra sea tu voz?

5 Coge una cartulina negra y cúbrela con cera blanca. Reflexiona sobre tus necesidades y derechos. ¿Qué quieres reclamar? Dibújate con un punzón, y escribe y pega tus mensajes, como si estuvieran saliendo de tu boca.

MATERIALES
- cartulina negra
- ceras blandas blancas
- tijeras y pegamento
- punzón
- folios de colores
- rotuladores

DIVERTIDATO

¿Sabías que hay dibujos donde se utilizan líneas para pintar?

Estos dibujos se llaman grabados. Es una técnica artística en la que se talla o graba un dibujo sobre una madera o un metal. Después, se llenan las líneas talladas con tinta y se presiona sobre un papel para obtener el dibujo. ¡Los grabados se pueden estampar tantas veces como se quiera!

¿Te pondrías en la piel de otras culturas?

6 Investiga sobre diferentes culturas del mundo. Elige la que más te llame la atención y crea una máscara étnica que la represente. ¿Vas a emplear los colores blanco y negro o vas a utilizar más variedad de color?

MATERIALES
- material reciclado
- acrílicos
- papeles de colores
- tijeras y pegamento

PASO 1

Sobre cartón, dibuja la forma que desees para tu máscara y recuerda trazar los ojos.

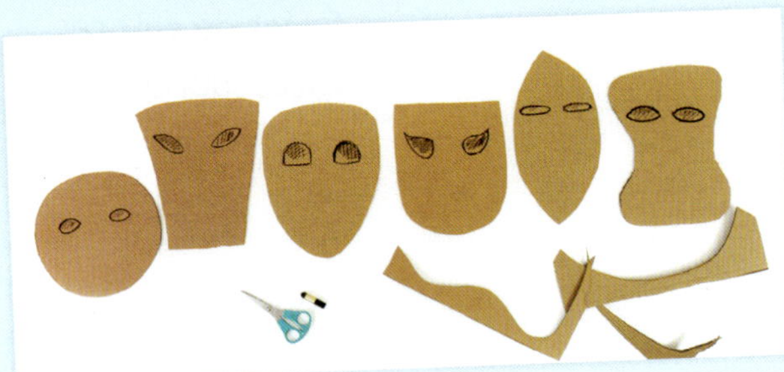

PASO 2

Aplica los colores y diseña los elementos de la cara que representen la cultura elegida.

PASO 3

Pinta las zonas que desees y pega los distintos detalles que hayas diseñado.

¡Haceos una fotografía todos juntos con las máscaras para recordar todas las culturas representadas!

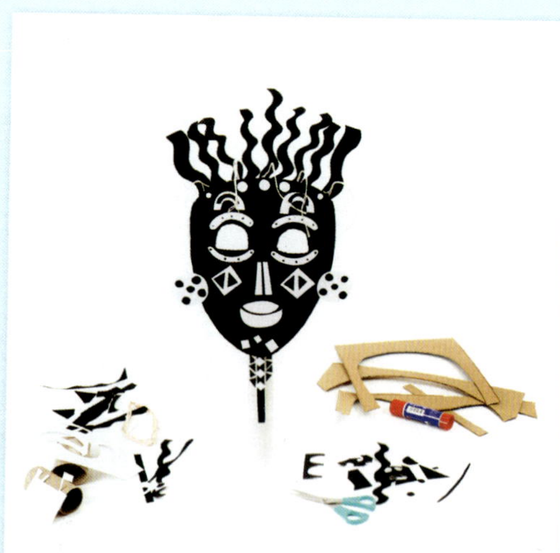

- ¿Qué te ha llamado la atención de la cultura que has elegido? ¿Qué elementos has realizado para representarla?
- ¿Algún compañero ha representado tu cultura? ¿Te sientes identificado con su máscara? ¿Cuántas culturas habéis representado?

El artista **Pablo Picasso** se inspiraba en distintas culturas y las representaba en sus obras. ¡Una vez visitó una exposición de culturas primitivas y desde entonces representó muchos rostros en forma de máscaras! Son muchos los artistas que sienten curiosidad e interés por las máscaras. En la actualidad, el escultor Romuald Hazoumé contruye máscaras africanas con material recuperado.

Pablo Picasso: *Cabeza india colorida*, 1907.

Romuald Hazoumé: *Pas*, 1995.

7 ¡Conoce numerosas obras en esta visita virtual! ¿Cuál crees que es la finalidad de las máscaras? ¿Qué colores utilizan los artistas para representarlas? ¿Te imaginas cómo sería una máscara inspirada en tu cara? Dibuja un autorretrato e interpreta tu rostro como si fuera el diseño de una máscara. ¿Las máscaras mantienen los rasgos reales o tienen alguno exagerado?

Exposición de máscaras del Museo Carmen Thyssen, en Malága

NUESTRO RETO Ciudadanos del mundo

Mapeamos para unirnos

PASO 1

Piensa en tu rincón o lugar favorito del mundo y dibújalo sobre un papel de técnicas húmedas.

PASO 2

Crea tu propia paleta de grises, para pintar el lugar como si fuera el reportaje de un periódico.

PASO 3

Pinta tu obra con colores grises y escribe la ubicación del lugar en alguna parte del dibujo.

PASO 4

Colocad en una pared todas las obras que habéis realizado para formar un mural con ellas. Planificad la distribución de los trabajos según su formato.

PASO 5

Estableced todas las relaciones posibles con hilos entre las obras para conectarlas (paisajes con paisajes, lugares con lugares, localidades con localidades, etc.). Podéis utilizar un color de hilo distinto por cada conexión que se os ocurra.

¿Cómo te ha ido el reto?

1 Completa esta tabla para evaluar cómo habéis hecho el reto.

	Sin ayuda	Con ayuda	Todavía no
1. He conseguido fabricar mi propia escala de grises.	●●●	●●●	●●●
2. He utilizado todos los grises de mis mezclas para pintar mi obra.	●●●	●●●	●●●
3. He participado en la colocación de las obras para componer el mural.	●●●	●●●	●●●
4. He colaborado junto con mis compañeros en la creación de conexiones para nuestras obras.	●●●	●●●	●●●

2 ¿Por qué crees que es importante establecer conexiones entre toda la clase?

En resumen

El formato

Una obra puede tener un formato vertical, horizontal, rectangular, cuadrado o, incluso, circular.

El contraste

Es la diferencia que existe entre dos colores juntos. Cuando un color resalta sobre otro, es porque contrasta más.

La técnica del estarcido

En esta técnica artística se utiliza un recorte llamado plantilla en la que se aplica pintura para obtener la figura recortada.

El caligrama

Es un poema con forma de dibujo en el que la imagen y el texto guardan relación.

La escala de grises

Es la variedad de colores grises, desde el gris con más cantidad de blanco hasta el de más cantidad de negro. Puede haber escalas de pocos colores o de muchos.

La técnica del esgrafiado

Es una técnica artística en la que se raya la capa superior de pintura para que aparezca el color de la capa inferior.

Mis competencias   Autoevaluación

5 ¡De profesión, artista!

¡EMPEZAMOS!

Observa la pintura de Marie Gabrielle Capet y coméntala en clase.

MARIE GABRIELLE CAPET: *Autorretrato*, 1783.

➡ Y tú, ¿sabes qué quieres ser de mayor? Realiza un *collage* que represente lo que más te gusta hacer en el mundo.

➡ Expresa por qué disfrutas con lo que has dibujado y describe qué sientes cuando lo realizas.

La artista

¿Conoces a Marie Gabrielle Capet?

Fue una pintora francesa que se dedicaba a realizar retratos y recibía muchos encargos.

- Estudió en el taller de otra gran pintora francesa, Adélaïde Labille-Guiard.
- Para realizar sus obras utilizaba distintas técnicas de pintura como el óleo, las acuarelas y los pasteles.

Marie Gabrielle Capet: *Escena de estudio,* 1808.

¡Vamos a aprender!

1. Cumplir con las tareas asignadas.
2. Experimentar con el diseño textil y conocer la diversidad de profesiones del mundo.
3. Analizar la importancia de la arquitectura en nuestro entorno y sociedad.
4. Simbolizar afectividad en el diseño de un objeto creado por ti.
5. Valorar la utilidad de la publicidad como medio de comunicación.
6. Descubrir la variedad de lugares artísticos que nos rodean.

NUESTRO RETO

Arte en cadena

Crearemos una obra colaborativa mediante un juego artístico en el que reflexionaremos sobre el mundo de las profesiones.

¡Vamos allá!

¿Qué significa, para ti, la moda?

Piensa en la vestimenta de algunas profesiones, ¿cómo son sus uniformes?

Estampado diseñado por la artista Maija Isola.

1 ¡Diseña tu propia colección!

Paso 1 Sobre cartulinas, dibuja formas que se repitan para crear estampados de diferentes **texturas**.

Paso 2 Dibuja el contorno de las prendas sobre el dibujo de tus estampados y recórtalas. ¡Pega tus diseños en una lámina!

MATERIALES
- material variado
- cartulina blanca
- lápiz
- témperas
- pegamento y tijeras

DIVERTIDATO

¿Conoces algún diseño de vestuario muy original?

El artista Oskar Schlemmer diseñó un vestuario muy peculiar para su obra llamada *Ballet Triádico*, que se estrenó en el año 1922. En la actuación, tres bailarines se movían por el escenario. ¡Gracias a las formas y los colores de los diseños creaban espectaculares juegos visuales!

¿Cuál es tu edificio favorito?

¿Cómo son las construcciones de tu entorno?
¿Hay variedad o se parecen entre sí?

2 Diseña un edificio con distintos materiales y recórtalo. Juntad todos vuestros edificios en un mural para construir una comunidad. ¿Cómo crees que la **arquitectura** ayuda a las personas?

MATERIALES
- material variado
- cartulinas de colores
- tijeras y pegamento

3 Observa las imágenes. Piensa que tocas estos materiales ¿Qué textura tienen? ¿Cuáles se utilizan para la construcción de edificios? ¿Has oído hablar de edificaciones sostenibles? ¿Por qué crees que se promueve la sostenibilidad?

Y si fueras un objeto, ¿cuál serías?

Como puedes observar en las imágenes, el diseño de objetos ha estado presente en todos los tiempos y en todas las culturas.

Juego de té diseñado por Eva Zeisel, una artista de origen húngaro.

Recipiente con forma de burro, localizado en un yacimiento griego hace 2500 años.

En la antigua Grecia existían unos vasos llamados ritones. Algunos con forma de cabeza de animal.

Wassily Kandinsky, pintor de origen ruso, diseñó piezas de porcelana como este conjunto de plato y taza, de 1923.

Vasijas de la artista alfarera Nampeyo. Vivía en la reserva Hopi, en Arizona.

¿Cuál era tu estado de ánimo mientras realizabas un objeto con tus propias manos?

4 Diseña un objeto para regalárselo a una persona mayor a la que quieres. Dibuja el boceto y créalo con arcilla. Graba y estampa los detalles y dibujos. Barnízalo con cola para que se conserve.

Jarrón

Pisapapeles

Vaso o taza

Marco de fotos

Otro objeto

Escultura

MATERIALES
- lápiz
- arcilla
- punzón o palillo
- cola blanca

¿Para qué sirve la publicidad?

5 Vamos a realizar un **cartel** para mostrar la importancia de cuidar a los demás y de cuidarnos a nosotros mismos. Por parejas, pensad en una idea común. Cada uno elaborará una propuesta. Analizad las similitudes y diferencias en vuestras composiciones.

MATERIALES
- cartulinas de colores
- periódicos y revistas
- tijeras y pegamento
- rotuladores

- En las campañas publicitarias es fundamental que el mensaje que se anuncia llegue a muchas personas. ¿Dónde colocarías tu cartel para que tenga mayor difusión?

6 ¿Dónde hay carteles publicitarios en tu entorno? Observa estas fotografías. ¿Qué anunciarías en esos lugares? ¿En qué espacios públicos se encuentran?

¿Quiénes montan una exposición?

7 **NOS REPARTIMOS EL TRABAJO.** Por parejas o grupos de tres, nos convertimos en diseñadores de espacios para un museo de arte. ¿Conocéis algún lugar donde se exponga arte y no sea un museo?

MATERIALES
- cartulinas de colores
- periódicos y revistas
- tijeras y pegamento
- ceras o rotuladores
- caja de cartón

PASO 1

Pensad qué tipo de arte tendrá vuestro museo. ¿Será abstracto, realista, moderno o antiguo?

¡Jugad con vuestra imaginación! Realizad las obras que vais a exponer en vuestro museo.

PASO 2

Cread la sala de exposiciones con una caja de cartón.

Elegid los colores del espacio para crear el ambiente y pintadlo o forradlo con cartulinas.

PASO 3

¡Montad la sala del museo! Colocad vuestras obras y todos los elementos que hayáis creado para distribuirlos por el espacio. ¿Se podrán sentar los visitantes?

¿Qué normas tiene vuestro museo? ¿Y los que habéis visitado?

8 Existe gran variedad de espacios donde se expone arte. Señala en cuáles de los lugares que aparecen a continuación has visto una exposición de arte. Y anota otros que tengas pendientes visitar o que tus compañeros te hayan recomendado.

- Museo
- Centro cultural
- Calle
- Restaurante
- Feria de arte
- Galería
- Páginas web
- Mercado de arte

9 ¿Te has fijado alguna vez en las puertas de las entradas de los museos? ¿Crees que es importante la entrada a un lugar expositivo? ¿Por qué? ¡Diseña la puerta de un museo!

MATERIALES
- Lápiz y lápices de colores
- rotuladores

Paso 1 Piensa para qué tipo de museo vas a realizar el diseño: si será para un museo de arte, de naturaleza, de historia, etc.

Paso 2 ¡Decide la forma y el tamaño de la puerta y dibújala!

Paso 3 Según el museo que has decidido, añade detalles a la puerta que estén relacionados con las obras o con los objetos que expone en su interior.

Paso 4 Muestra tu diseño a tus compañeros y comentad vuestras ideas en clase.

Dibujo realizado en el año 1790 para el diseño de la puerta de un palacio.

NUESTRO RETO

Arte en cadena

Creamos una obra colectiva muy pintoresca

PASO 1

¿Qué profesiones conocéis? Cread una lista.

Agrupaos de tres en tres. Coged una cartulina DIN A3 de color blanco. En posición vertical, plegadla en tres partes iguales.

PASO 2

En el extremo superior del papel, el primer artista del grupo empieza a dibujar. Primero, elegirá una profesión de la lista creada y, después, dibujará la cabeza del personaje. Es muy importante que el dibujo refleje elementos propios de la profesión elegida.

Dobla el papel para pasar tu dibujo al compañero.

PASO 3

El segundo artista escoge otra profesión de la lista y continúa el dibujo por el tronco del personaje.

Después, el último artista del grupo continúa la misma dinámica para completar las extremidades del personaje.

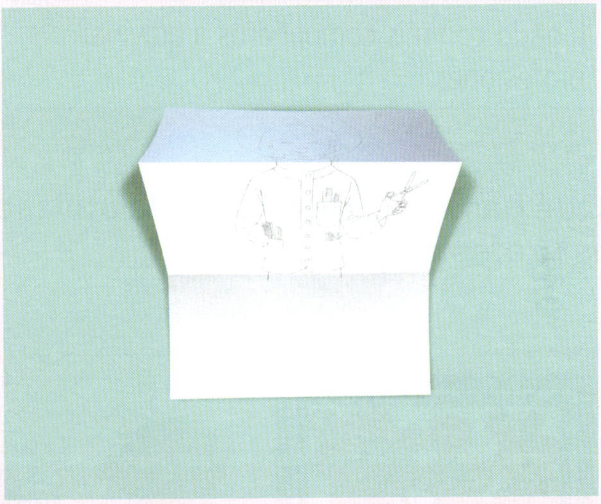

PASO 4

¡Abrid la cartulina para ver el resultado y pintadlo! Colgad todos los dibujos en una pared y jugad a adivinar las profesiones que aparecen.

¿Sabéis que los artistas llaman a este juego Cadáver exquisito? ¡También se hace con poemas!

¿Cómo te ha ido el reto?

1 Completa esta tabla para evaluar cómo habéis hecho el reto.

	Sin ayuda	Con ayuda	Todavía no
1. He respetado el turno de mis compañeros en la obra colectiva.	•••	•••	•••
2. He colaborado en el juego artístico.	•••	•••	•••
3. He localizado elementos que me ayudan a representar alguna profesión de la lista creada.	•••	•••	•••
4. He jugado con mis compañeros a adivinar las profesiones.	•••	•••	•••

2 ¿Qué has aprendido sobre la utilización del arte en el mundo de las profesiones?

En resumen

La textura

Es la apariencia que tiene un material cuando lo vemos o cuando lo tocamos, se percibe por la vista o por el tacto. Existe una gran variedad de texturas, como las suaves, las ásperas, las lisas o las rugosas.

La técnica de la estampación y la repetición

Consiste en copiar una forma sobre un material como papel, arcilla, madera o un lienzo. Cuando estampamos varias veces la misma forma, utilizamos la repetición.

El cartel publicitario

Se compone de varias partes:

- Título: es el nombre del cartel.
- Eslogan: es la frase corta que acompaña a la imagen.
- Imagen: es la ilustración o la fotografía.

Las profesiones artísticas

Son todas aquellas profesiones en las que se utilizan el arte y los elementos de la expresión plástica.

Los espacios artísticos

Son lugares destinados a mostrar arte y difundir la cultura.

Mis competencias — Autoevaluación

6 ¡Y llegó el séptimo arte!

¡EMPEZAMOS!

Observa el fotograma de esta película de Georges Méliès y comenta en clase.

Georges Méliès: *Viaje a la Luna*, 1902.

➡ Por parejas, jugad a las películas. Dibuja y colorea distintos elementos que representen la película elegida. No puedes hablar... ¡pero sí puedes hacer onomatopeyas!

➡ ¿Tu pareja ha acertado la película?

¡Vamos a aprender!

El artista

¿Conoces a Georges Méliès?

Georges Méliès fue un cineasta e ilusionista francés.

- Su película *Viaje a la Luna* dura unos 14 minutos. Las primeras películas eran más breves.
- Fue de los primeros creadores de cine que usó los efectos especiales.

GEORGES MÉLIÈS: *Viaje a través de lo imposible,* 1904.

1. Cumplir las tareas asignadas.
2. Comprender cómo era el cine antiguo e inventar un guion muy original.
3. Analizar los elementos de tu película favorita para realizar una escena y relacionarla con una emoción.
4. Experimentar el surrealismo y la profesión de cartelista a través de tus propios sueños.
5. Descubrir algunas técnicas de animación para sentirnos como cineastas.

NUESTRO RETO

Cineastas en movimiento

Crearemos nuestra máquina cinematográfica, con materiales de uso cotidiano, para promover una red activa de cuidados mutuos.

¡Vamos allá!

¿Cómo se hacían las primeras películas a color?

Al principio se coloreaban a mano, uno a uno, todos los fotogramas. Un **fotograma** es cada una de las imágenes del carrete de una película.

1 Elige uno de estos fotogramas de dos películas que realizó la cineasta Alice Guy. Elabora un breve guion divertido o disparatado, como si fueras el guionista de la historia.

ALICE GUY: *El hada de los repollos,* 1896.

ALICE GUY: *El pegamento,* 1907.

2 ¿Alguna vez has grabado un vídeo o has hecho un *gif*? ¿Cómo? En la actualidad, esta tarea es muy sencilla, pero hace años se tuvo que investigar mucho para conseguir captar imágenes en movimiento. Por parejas, buscad cómo eran estas máquinas y los inventos de nombres tan peculiares.

Linterna mágica

Zoótropo

Taumatropo

Fenaquistiscopio

Rotoscopio

Cinematógrafo

Quinetoscopio

Praxinoscopio

¿Qué película te gustaría protagonizar?

Antiguamente, las películas eran mudas, ¡se acompañaban solo de música! Según lo que se quería transmitir con cada escena, sonaba música alegre, triste, misteriosa, etc.

Lotte Reiniger fue una cineasta que inventó la técnica de animación con siluetas. El resultado de esta técnica en la película *El Dr. Dolittle y sus animales* recuerda a la escena de *La fábula de los tres hermanos*, en la séptima película de la saga de Harry Potter.

LOTTE REINIGER: *El Dr. Dolittle y sus animales*, 1928.

DAVID YATES: *Harry Potter y las reliquias de la Muerte*: parte I, 2010.

3 Piensa en una escena de tu película favorita. ¿Cuántos personajes hay? ¿Cómo es la **escenografía**? Haz las siluetas de los personajes y de algún elemento del decorado. Pégalos para componer la escena.

MATERIALES
- lápiz
- cartulinas
- tijeras y pegamento
- ceras

LOTTE REINIGER: *El Dr. Dolittle y sus animales*, 1928.

- ¿Quién dirigió la película que has elegido?
- ¿Qué tipo de música debería sonar en el fotograma que has recreado?

¿Alguna vez has tenido un sueño peculiar?

Los primeros carteles para anunciar películas de cine eran de gran tamaño y los pintaban a mano artistas cartelistas.

4 ¿Cómo te imaginas el cartel de un sueño que recuerdes? Reprodúcelo, como si de una película se tratase. ¡No te olvides de ponerle un título!

- Si tu sueño fuera una película, ¿cómo te imaginas el desenlace?

MATERIALES
- revistas
- papeles de colores
- tijeras y pegamento
- rotuladores

5 Los artistas **surrealistas**, como Salvador Dalí, se inspiraban en los sueños para crear sus obras. Dalí y Walt Disney se unieron para realizar este **corto**.

Salvador Dalí y Walt Disney: *Destino*, 1946-2003.

Un corto es una producción audiovisual cinematográfica de corta duración.

- Investiga cuántos minutos de duración tiene esta producción audiovisual.
- ¿Alguna vez has visto un corto en el cine?
- ¿Conoces las normas de comportamiento que hay que mantener en este espacio? Pon en común con tu pareja la reflexión a la que has llegado.

¿Te animas a animar?

6 ¿Qué ocurre si se dibujan los pasos de una acción y se ven pasar rápidamente? ¡Compruébalo!

- Inspírate en estos fotogramas de un corto animado y crea los tuyos. Puedes incorporar algún elemento y darle color.
- A continuación, recorta cada fotograma y grápalos por un lateral. Da movimiento a la acción, ¿cuántos segundos dura la escena?

MATERIALES
- pósits blancos
- lápiz
- lápices de colores
- grapadora

El libro que has creado se llama **folioscopio** o ***flipbook***.

¿Despedimos el curso con un baile animado?

MATERIALES
- lápices de colores
- rotuladores
- encuadernadores
- tijeras
- cámara de fotos y equipo informático

7 **TRABAJAMOS POR TURNOS.** Por grupos, realizad un vídeo mediante la técnica del ***cut out***, una animación con recortes. Podéis realizar los siguientes pasos. Pensad, ¿qué canción definiría vuestro año?

PASO 1

En grupos de cuatro, elaborad un cartel que dé comienzo a la animación y otro que indique el final. Tomad fotografías de ellos.

No olvidéis incluir vuestros nombres en los créditos finales.

PASO 2

Cada miembro del grupo crea su muñeco articulado.

Escoged la vestimenta que más os guste. ¡Poned cuidado al recortar y montar!

PASO 3

¡Vamos a bailar! Componed una coreografía con vuestros muñecos articulados.

Tomad fotografías de cada uno de los movimientos del baile.

¿Qué ocurre si observáis las fotografías seguidas?

PASO 4

Elegid un programa de edición de vídeo.

Elaborad el montaje con los carteles y las fotografías de vuestros muñecos.

Podéis incluir audio a vuestra película.

3, 2, 1... ¡ACCIÓN!

DIVERTIDATO

¿Sabes en qué película aparece un perro en la historia del cine por primera vez?

Los hermanos Lumière inventaron el aparato que permite ver cine en grandes salas. En su película *La salida de la fábrica* aparece el primer perro de la historia del cine. ¡Fue grabado en 1895 y el corto dura tan solo 46 segundos!

8 Los espectadores que vieron por primera vez la película de los hermanos Lumière con imágenes en movimiento se sorprendieron mucho. ¡Era algo que nunca habían visto antes! ¿Cuál es la primera película que viste en el cine? ¿Los personajes bailaban y cantaban?

MATERIALES
- plastilina
- palillos
- cámara de fotos

- Con plastilina, moldea un personaje que haga algún paso de baile en una película. Colocad todos vuestros personajes juntos y haced una foto. ¡Después, adivinad en qué película aparecen!
- ¿Sabías que existe una técnica de animación en la que se utiliza plastilina para construir los personajes? ¡Por parejas, averiguad cuál es y buscad una película que se haya realizado con esta técnica de animación!

NUESTRO RETO Cineastas en movimiento

Construimos el zoótropo del bienestar global

PASO 1

Por grupos, escoged una tira de la plantilla descargable para el zoótropo. Recortad un círculo de cartón y marcad el centro. Realizad un agujero donde hayáis indicado.

PASO 2

Cortad una tira ancha del cartón ondulado. Debe tener la misma longitud que las tiras ilustradas.

PASO 3

Cortad unas aperturas alargadas. Debe haber una entre cada movimiento que forma la acción.

PASO 4

Haced unos pegotes de masilla adhesiva. Cerrad la tira con celo y unidla con la base de cartón.

PASO 5

Introducid un lápiz por el orificio, que servirá para girar el zoótropo. Poned una goma elástica al lápiz por el exterior y en el interior.

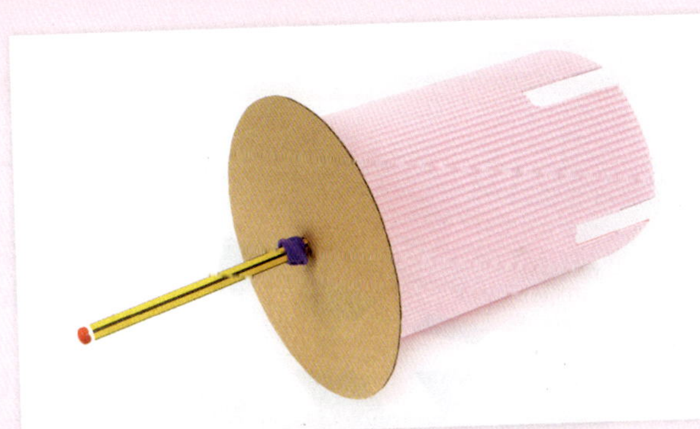

PASO 6

Colocad la tira elegida dentro del zoótropo. Mirad por las aperturas a la vez que lo giráis para ver cómo parece moverse la acción.

¿Cómo te ha ido el reto?

1 Completa esta tabla para evaluar cómo habéis hecho el reto.

	Sin ayuda	Con ayuda	Todavía no
1. Hemos decidido juntos la elección de la tira de nuestro zoótropo.	•••	•••	•••
2. Hemos trabajado de manera ordenada para construir nuestro zoótropo por pasos.	•••	•••	•••
3. Hemos experimentado y comprobado cómo animar una escena.	•••	•••	•••
4. Hemos comprendido que el medio audiovisual puede concienciar sobre acciones cotidianas.	•••	•••	•••

2 ¿Por qué crees que el cine puede servir para comunicar y difundir mensajes importantes?

En resumen

El fotograma y la escenografía

- Un fotograma es cada una de las capturas fotográficas que forma una película.
- La escenografía es el decorado en una película, pero también se tienen en cuenta la iluminación y el sonido.

Las primeras producciones audiovisuales y el corto

Hace muchos años se crearon numerosos inventos y máquinas para poder mostrar imágenes en movimiento. Las primeras películas eran cortos o cortometrajes, puesto que tenían una breve duración.

El surrealismo

Es un movimiento artístico que se inspira en los sueños y en la fantasía para realizar sus obras.

Técnicas básicas de animación

- En la animación con siluetas se utilizan figuras recortadas para proyectar sombras.
- Un folioscopio o *flipbook* es una animación creada con dibujos.

- Un *cut out* es una animación realizada con recortes.

Las profesiones cinematográficas

Son todas aquellas que están relacionadas con el cine como directores, guionistas, escenógrafos, editores o cartelistas.

Mis competencias · Autoevaluación

Modelos para crear y construir

¿Se pueden mezclar colores sin pintura? Página 10

¿Despedimos el curso con un baile animado? Página 72

Cineastas en movimiento Página 74

¡Restauradores de arte!

Los restauradores se documentan en profundidad para conocer cómo era una obra antes de dar comienzo a su restauración. ¡Ahora te toca a ti! Completa los huecos que faltan.

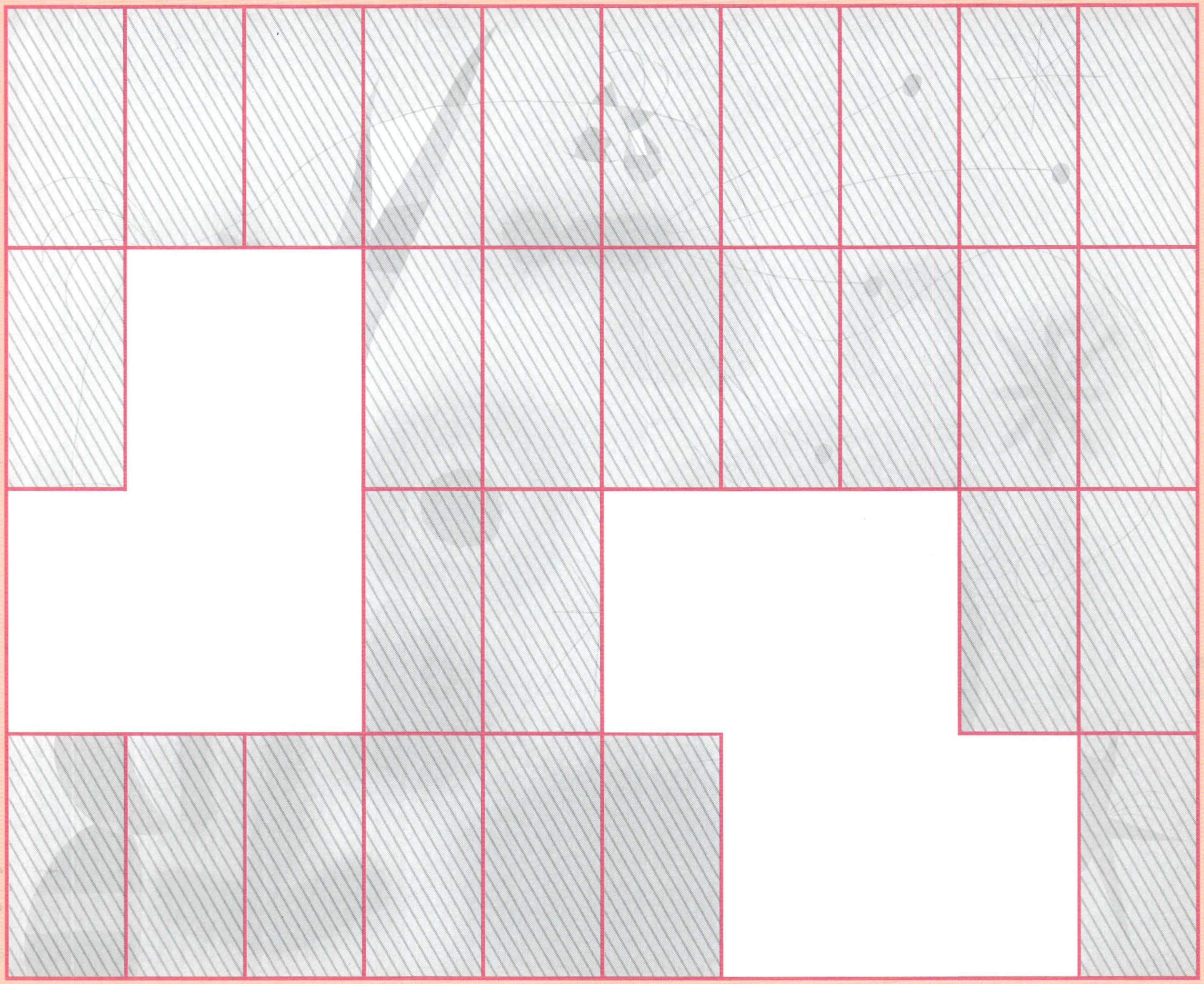

¡Restauradores de arte!

¡Expresarte con arte! Página 16

Animalística: ¡el arte de representar animales! Página 28

Arte en la tierra: *¡land art!* Página 40

¡Y llegó el séptimo arte! Página 52

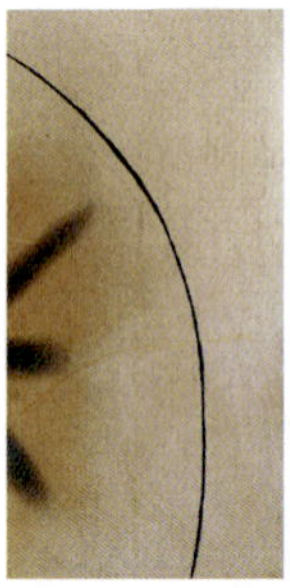   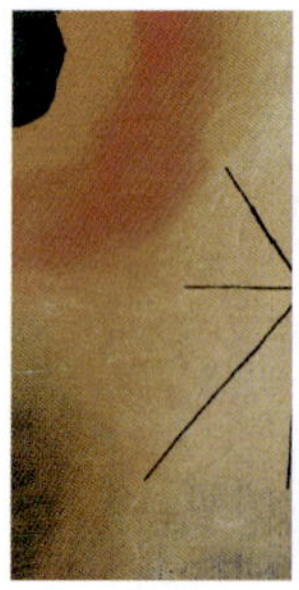 

¡De profesión, artista! Página 64

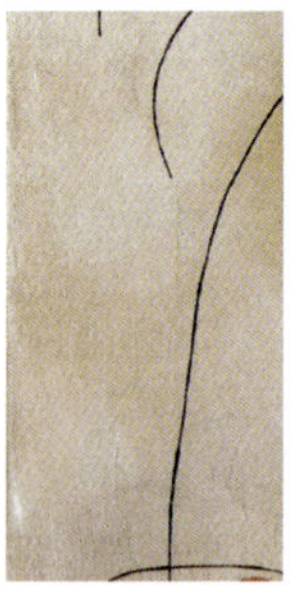    

¡Viajeros artísticos! Página 76

  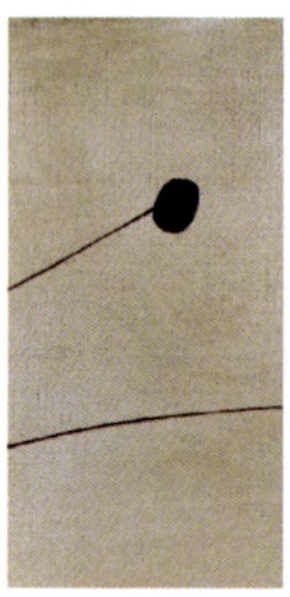  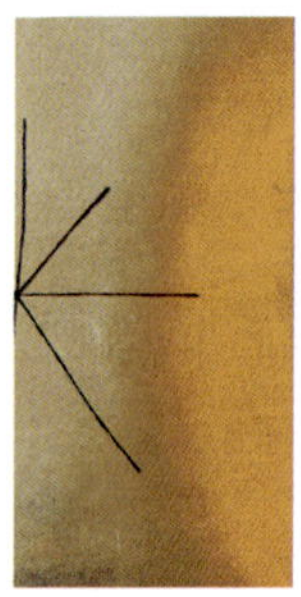

DÍAS ESPECIALES - Árbol de los propósitos

Vamos a realizar juntos un árbol de Navidad muy especial.

PASO 1

Crea tu propio verde con témperas y estampa tu mano en un papel para técnica húmeda. Déjala secar.

PASO 2

Recorta tu mano y escribe un propósito con rotulador negro para el año nuevo que se acerca.

PASO 3

Con todas las manos, ¡montad vuestro árbol de los propósitos!

DÍAS ESPECIALES - Corona primaveral

Celebremos la llegada de la primavera con nuestra propia corona. ¿Sabías que existen muchos tipos de celebraciones con disfraces alrededor del mundo? Preparad un pequeño baile, a modo de ceremonia, con pasos sencillos para dar la bienvenida a la nueva estación.

Para darle mucha vida a tu corona, puedes utilizar: purpurina, papel pinocho, papel charol y ceras. Pero, sobre todo, ¡mucho color! No te olvides de poner una goma a la corona para poder anudártela.

DÍAS ESPECIALES - Pai pai veraniego

- Refrescamos el verano. Crea tu propio pai pai. ¿Sabes que estos abanicos son de origen oriental?

PASO 1

Crea y dibúja tu plantilla sobre un cartón.

PASO 2

Decora el abanico a tu gusto y recórtalo.

PASO 3

Pega un palo para sujetar tu pai pai. ¡Refréscate!

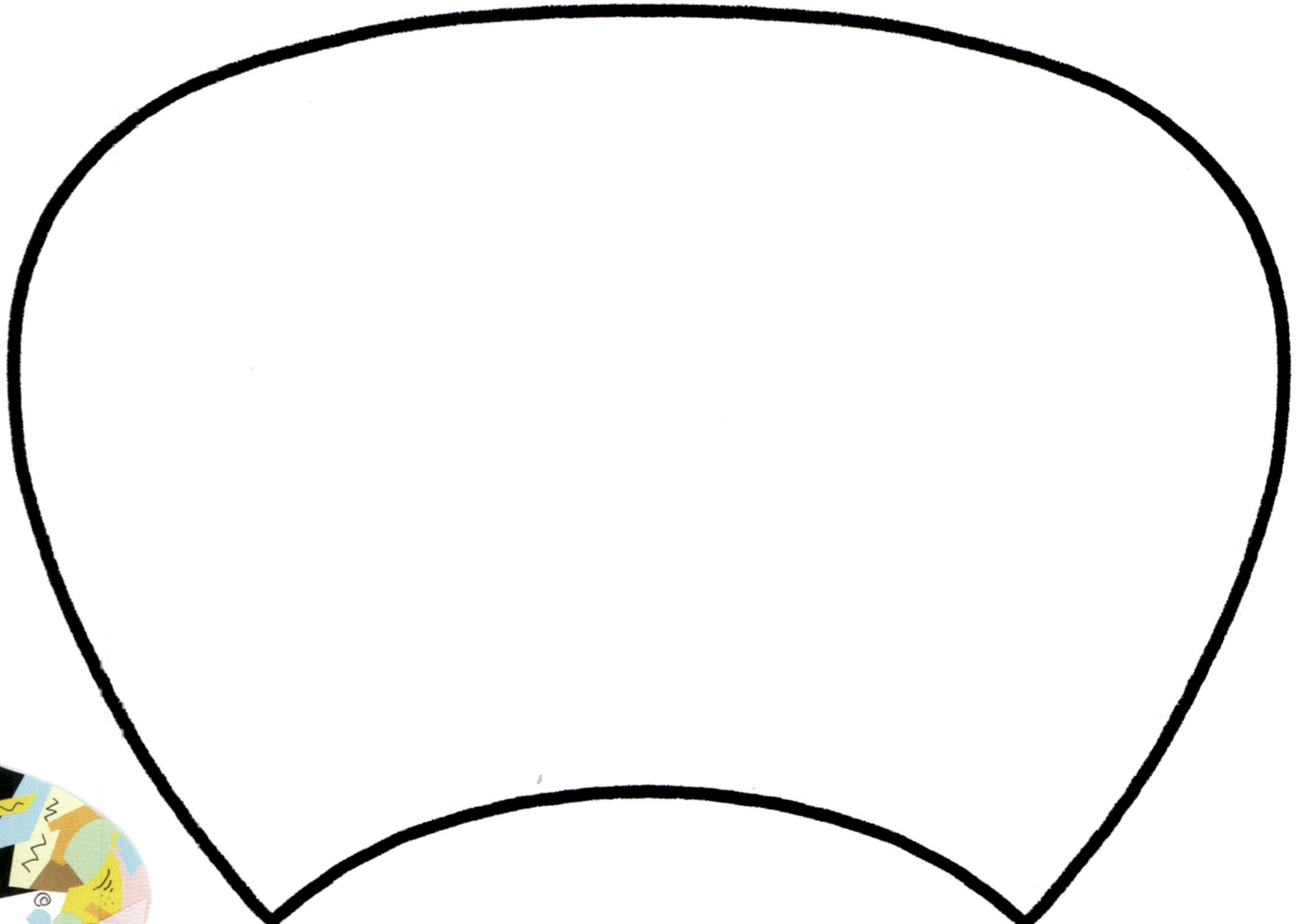

El libro de **Plástica** de **3.º DE PRIMARIA** forma parte del Proyecto Editorial de Educación Primaria de SM.

Autoría
La Ardilla Rusa, Equipo SM

Edición
Laura Sánchez, Mª Victoria Esteban

Corrección
Lourdes Jiménez

Ilustración
Teresa Bellón Muñoz; Gema García Ingelmo; Shutterstock; José Luis Navarro Garcia; OTHER LANDS (cubierta)

Fotografía
Sergio Cuesta; Mariona Cabassa, Colección Carmen Thyssen-Bornemisza, Gaumont Film Company, Boa Mistura, Walt Disney Animation Studios / Walt Disney Pictures, Ministerio de Agricultura, Pesca y Alimentación / Gobierno de España / Alimentos de España, Lara Lars, Warner Bros, Heyday Films, Lumière, CONTACTO; SCALA; CORDON PRESS; Shutterstock; iStock; Getty Images; Age Fotostock; Album; ARCHIVO SM

Iconografía
Sergio Cuesta / Fidel Puerta

Diseño de cubierta e interiores
Estudio SM

Maquetación
Mediúscula, Olga Peñaranda

Responsable de desarrollo
Mª Victoria Esteban

Responsable de producto
Eva Béjar

Gerencia de desarrollo
Aránzazu Tauroni

Gerencia de Arte
Mario Dequel

Gerencia de Producto
Charo Zazo

Gerencia de Producción
Antonio de Pedro

Dirección editorial
Jorge Lite

Gestión de las direcciones electrónicas

Debido a la naturaleza dinámica de internet, SM no puede responsabilizarse de los cambios o las modificaciones en las direcciones y los contenidos de los sitios web a los que remite en este libro. Con el objeto de garantizar la adecuación de las direcciones electrónicas de esta publicación, SM emplea un sistema de gestión que redirecciona las URL que con fines educativos aparecen en la misma hacia diversas páginas web; entre otras de uso frecuente: http://es.wikipedia.org, www.youtube.es. SM declina cualquier responsabilidad por los contenidos o la información que pudieran albergar, sin perjuicio de adoptar de forma inmediata las medidas necesarias para evitar el acceso desde las URL de esta publicación a dichas páginas web en cuanto tenga constancia de que pudieran alojar contenidos ilícitos o inapropiados. Para garantizar este sistema de control es recomendable que el profesorado compruebe con antelación las direcciones relacionadas y que comunique a la editorial cualquier incidencia a través del correo electrónico ediciones@grupo-sm.com.

ISBN Madrid: 978-84-1392-561-5
ISBN Murcia: 978-84-1392-562-2
Impreso en la UE / *Printed in EU*

Este libro es 100 % reciclable. Está fabricado por empresas certificadas siguiendo criterios de sostenibilidad para cuidar el planeta.

Hemos eliminado el plástico de la cubiert
y utilizamos papel procedente de bosque
gestionados de manera sostenible. Con
el uso de este libro contribuimos a planta
árboles y a reducir el CO_2 de la atmósfera